サラサラと流れる水くさい水

ふし文人
Fushi Fumito

ミッドナイト・プレス

目次

サラサラと流れる水くさい水

それは愛

少女は花を摘み
彼に捧げた
ありったけの善良、純真、無垢と一緒に

彼がそれをどう思ったか？
もちろん彼も大人だから
投げやりな態度や、悪態をついたりはしない

その花をそっと受け取り
一通り愛でると

ありがとう、と言った

そこにあるのは
愛情、優しさ、思いやり
ありとあらゆるポジティブさ

昔からそこにあり
ずっとこれからも
おそらくは消えないもの

やがて花は枯れ
水も渇れ
彼らも枯れてはゆくのだが

独占、妬み、不安、恐れ
ありとあらゆるネガティブさ
そういう政治・経済を振り払い

一輪の花が醸し出す
しいてゆうなら、ありきたりかもしれないが
それは愛

シリアの神

ニーナ・シモンが歌ってる
百発百中の声で
黒い肌を見せびらかしながら

あたしには腕も足も魂もある
胸も爪先もセックスもある
何より、命がある

なのに、シリアでは戦争が続いてる
神はどこにいったのだろう

シリアの神はなぜ試練を与える

もしくはそれは神の仕業でなく
石油をめぐる勢力争いなのか
大国に挟まれた第２のヴェトナム？

ロシアもアメリカも飛行機を飛ばし
トルコはミサイルを放ち
難民はヨーロッパを席巻する

それからイギリスがヨーロッパを去り
経済は傾くだろうか
世界が小さい足音を鳴らし、離れていく

白黒はっきりつける必要なんてないはずなのに
シリアの神はそれを求めてる
だから少年や少女が死んでゆく

標的になり
瓦礫の下、血が流れる
世界中がそれを無視をする

ボブ・ディランがノーベル賞をとろうがなんだろうが
シリアの神はなぜ気まぐれか、ということへの疑問は消えない
そして風だけがその答えを知っている

アルチュール・ランボー

急ぐんじゃない
そうぼくは言いたい
生き急ぐほど、人生はチャチじゃない

宝石のような言葉を紡ぐ呪い師よろしく
地獄の季節を乗り越えたあなたは
砂漠の民となった

師匠の弾丸をかわして
さらに武器商人になっただって？

まるで漫画のような話だね

もっとゆっくり言葉を積み立てていたら
煌めく宝石を敷き詰めるのではなく
一歩一歩あるいていたなら

とぼくは思う
だけどあなたはあなたは
いつだってアルチュール・ランボーだ、そう

十九歳の地図

十九歳の頃に何をしてたかな？
彼らくらいには走ってたかな
メロスくらいには走ってたかな

いや、予備校だったその頃に考えてたのは
「僕は二十歳だった。それが人生でもっとも美しいときだなんて誰にも言わせない。」
というポール・ニザンの言葉

そしてまた死について

キルケゴールやコリン・ウィルソンの本
を読んでいた

人は、サッカーをやりながら死について考えることはできない
でもサッカーの試合に負けた後なら
死について考えることができる

それが何の足しにならなくとも
リフティングに失敗したあとにやるとなれば
十分なひまつぶしだ

ゲームするよりは生産的
何しろ大量のエネルギーを消費するのだから
死について考えることは

肉体的な意味ではなく
精神的な意味で
ぼくは十九歳ではなくて

四十九歳か、もしくは八十九歳だった
四苦八苦
そういうことを退けるには、十分に幼すぎた

オートバイ乗りだった

ぼくはかつてオートバイに乗っていた
いや、乗っていた時もあったし
でも大半は乗っていなかったかもしれない

でもそんなことはどーでもよくて
いつでも乗れるオートバイが横に置いてあるだけで
自由な気分になれた

いや、東京のくそったれ連中はオートバイなんていらないよ
なんてバカなことを言う

ある人は、自転車のほうがエコだよだとか
またある人は、オートバイはラクだからズルいよ
なんてことを言う
まったくまったくまったく

オートバイがラクだ?
なんて、オートバイに乗ったことがない人の言うことだ
言うまでもなく、オートバイはラクダじゃない

屋根つきで、座席にもたれながら音楽をガンガン鳴らして走る車とも違う
雨が降れば雨に、雪が降れば雪に
夏には夏の大変さがある

何もオートバイがアウトドアだとか主張するつもりはない
ただ、そういうタフな乗り物で
ぼくにはかつてそんな相棒がいて、それだけの話なんだ

もう一度、相棒のためにも言うよ
そう、オートバイはラクダじゃない
いや、なんでそんなことを言うのかな

迷惑メール

どれだけ迷惑メールがくるんだろう
誰から、なんだろう？
サオリとかツムギとかカオルとか

もちろん業者の仕業
ってのは知っているけど
ちょっと期待してしまうなんて

彼らはなぜ迷惑迷惑迷惑なメールを
わざわざ送ってくるのだろう

そのサイトにアクセスするとでも思ってるのかな

それが広告、宣伝文句なのは知ってる
で、たしかに迷惑なんだけど
なければないで、少し寂しくなる

まったく毒されてる
少しはピュアな気持ちにさせとくれ
下品な言葉や、おカネの話はこりごりだ

女の話や、インポがどうとか
迷惑メールの語るのは
どうしようもない世界だ

そして、そのどうしようもない世界に生きている
どうしようもない人間が
ぼくだ

北酒場

北酒場と叫びながら
男は通りすぎていく
孤軍奮闘というか

北酒場って何処だろう
よく聴いてみると
それは細川たかしの歌

若いサラリーマン数人が
その男につかまり

説教を食らっている

ああだこうだ
あれだこれだ
おれだおまえだ

昔の若い人なら
男を無視するとか
殴りたおすとかした

でも今の東京の若者は
なんとも優しく
男の話を聞いてあげてる

殴り倒しもせず
罵倒もせず
笑いながら

延々と続く話を
時にまじる北酒場の歌を
男の自慢話を

もちろん男は酔っぱらってる
拒んでも拒んでも
絡まれたにちがいない

だけど今の若者は
笑いながら話を聴いてる

嫌がりもせず、そうなのですねと

あまりに平和な日本の
一風景に、隔世の感
いつまでも男は叫んでいる

若者たちは去ろうとするが
その男が引き止める
当然のことながら

終電ですから
若者たちは
愛想よく言う

話を聞いてくれたので
男も納得して
うなずく

若者は去り
男は歌う
何処と知れない北酒場の歌を

夏のある日

雨ばっかり
の六月をすぎると
あっという間に

夏の暑さ
青い空
うだる昼間

の太陽
を開けると

チャランチャラン
と風鈴の音
アイスコーヒーかき混ぜる
カランカラン
と氷の音
透き通る
女の
白い肌
歩いている
どの女性も美しい

髪をあげ、爽やかな格好
花柄のスカート
または

短パンから
垣間見える
長い足

生命はよみがえり
恋物語は読まれ
夜には花火？

浴衣姿
アイスクリーム

線香の煙

懐かしき日本の夏
毎年やってくるのに
夏は

少しずつ
色あせる
少しずつ

色んな色情が薄まり
ワイルドさは消え失せて
カラッと

する
そんな夏
も
また好きだ

ナイスおひとりさま

一人でいると
たまにはいいね
無駄がないって感じ

以前は人としゃべりすぎて
友達も多すぎて
愚痴も多すぎましたか

撒き散らして
相手も自分も

めためた

メッタメッタメッタメッタ
メタ構造?
今は友達もへって

ちょうどいい
いるのは仲間
仕事仲間〜

そういう年頃か
夢のン十代
仕事がんばるしかない

子育てしてない余力分
創作に回させていただいて、
未来の子どもたちが

楽しめるように
みんなで
精いっぱい

力を注ごう
イエス、We Can
よく考えると

おひとりさまだらけやん
東京砂漠

だからこそ提携できるときにゃ

定形にとらわれず
take it!
墜ちない大鳥

舞うよ

ひとりでも

僕が見たジョン・レノンは夢の中

夢を見た
ジョンは夢の中でも有名人だけど
ずっと気さくで
僕に話しかけてくれた

ヘイ、ジュード！
って歌うのはポールだけど
ジョンは夢の中で
僕を先導してくれる

いや導いていたのが僕で
ジョンは「ここはどこ?」ってつぶやいている
まさか僕は「想像してごらん」なんて言うわけにもいかず
夢の中

なんて答えるわけにもいかないから
「庭です」ってうわずりながら言うわけ
するとジョンは「Strawberry fields forever」って答えて
思わず、オオって僕は感動する

もしかしてヨーコを探してるのかな?
って僕は思うけど
そうでもなくて、マーク・チャップマンに復讐したい
わけでもなさそうだ

ただグルーピーから逃れるためだけに
僕の後ろをついてくる
ジョン・レノン
丸い眼鏡をかけたおじさん

夢の中でもジョン・レノンはジョン・レノンで
ジョークなんて言ったりして
皮肉屋だけど、もちろん悪い人じゃない
(悪い人は世の中にたくさんいる)

そこが夢の中なのか、あの世なのか
僕には判然としない
ただそこで飲んだタピオカジュースの味

だけは今も覚えてる

ジョンも「こんなの初めてだ」って言ってくれた
僕がジョンにしてあげられるのは、それくらいのもんだ
今まであんなにジョンに助けてもらったのに…
するとジョンは「気にするな」って明るく言った

夢を見ることを忘れるんじゃない
って、ジョンが直接言ったわけじゃない
でも現実の重さに押し潰されそうな時に
夢の中でジョンは歌ってくれる

「Stand by me」

そばにいてって明るく言う
僕は目をこすりながら
薄らボケた現実の曖昧さに、愕然としつつ
うんありがとうジョン

って軽くつぶやく

～年前

少し前に
カバンの中から
5年前のメモ書きを見つけたの
そこには5年前のあたしがいて、
色々考えて
計画を練っている
5年後のあたしは
実にそのメモ書きの

延長＝に立っていて

思わずワオって
叫びたくなる
でもカフェで叫べば変なので

心を踊らせることにする
うん、これを書きながらも
あたしは踊ってる

今ある多くのことが
実にそのメモ書きの上にあり
予言するように印されてる

あたしはその実現力に敬意をはらい
そして内心ほくそ笑み
ちょっとだけガッツポーズする

その翌日には
驚きました
実に20年前のメモ書きを見つけた

まだ19とか20のあたしは
実に真摯に
向き合っている

少しの皮肉や虚無感は
あるものの

若気の至り

むしろ垣間見えるのは
情熱や不安
荒さや静けさ

あたしはその真摯さに
心を打たれる
ガーン、ガーンって打たれる

その頃から
詩や小説を書いている
若気のあたし

きみは20年かけて
いまだにその井戸を掘り続けている
成功や失敗や評判も気にせず

その真摯さ
あたしは誇りをもち
ただテーブルの埃を払う

さぁ立ち上がり
舞い上がり
飛び跳ねていこう

20年前にはつまずいた石も
5年前にはぶつかった壁も

今なら飛び越えていける
そして今なおお立ちはだかる
闇に向かって
あたしはこう叫ぶ

大丈夫、きみならできる

おーカルメン

おーカルメン
おれはお前に恋をした
そして惚れた
それから忘れなかった
いつまでも思い返し
君のことを夢見た

おーカルメン
おれはお前に好きだと言った
そしてフラれた

そして追いかけた
いつまでも後ろ姿を見た
君のことが頭によぎる

おーカルメン
おれはお前に恋をした
そして恨んだ
それから逃れられなかった
いつまでも憎んだ
君のことが腹で煮えくりかえる

おーカルメン
おれはお前に別れを告げた
そして執着を手放した

それから感謝した
いつまでも
君のことが

いつまでも
君のことが
いつまでも

午前3時のとしまえん

女が泣いている
イラン人が大声で騒いでいる
老人が杖をつく
夢遊病の男がひっくり返り、太った男が爪を切る
マイケル・ジャクソンが歌う
死体は歩く
月が笑う

少女が怒鳴る
掃除人が口笛を吹く

唐揚げが座り込み
太鼓の音が消える
マダム・エンパイアがギターを弾く
ムッシューはさめざめと膝を叩く
黄色い電車が宙に浮く

観覧車が回り始め
白馬たちはお姫様を乗せる
シンデレラのガラスの靴は見あたらない
ラプンツェルの黄金の髪だけが流れる
プールが凍り
塔に火がつく
石は転がり
魔女が眠る

これはホントの話

君の小説、僕の詩

いつだって励ましてくれるのは
君の小説で
それは僕にとって幸せの王国だった

どこにも行く必要がなくて
立身出世、美味しいご飯や、美しい女性でさえ
関係なくて

こう言っては語弊もあるかもだけど
僕を捕らえて放さない

それくらい強力なんだ

大きな野望や、名誉だって無意味なのさ
冒険や暴言が待ち構えていて
僕の背中をかいてくれる

脳内麻薬のようにそれは浸透して
振動して、世界を揺り動かし
新しくする

僕はこうして詩を書くけど
書くことによる表現には
満足とともに失望がある

選手としてゲームに出場するのは
楽しいことだ
君だって知ってると思うけど

誰かが言ってたように
最良の僕により、世界に貢献したい
みんなを楽しませたい

一方で、僕はいつまでも選手でいられるわけじゃない
それは分かってる
うん、それくらいのことは分かってる

かつて君の小説に憧れていた僕も
こうして詩人になったけど

また一人の読者、観客に戻っていく

エネルギー循環のシステムのように
天は地につながり
太陽はまた沈む

それでいいんだ
君の小説を読んでいた時の悦び
それが起源で、だからこそ頑張れた

いつだって最良でいたいけど
病や老いは誰にでもやってくる
それは天に帰る準備だから

覚悟はしてる
その前にもう一度だけ
君の小説を読もう、よき読者に戻ろう

だってそこには楽しさがあるし
世界がある
気づきや癒しや、嬉しさがある

僕はこう言うだろう
書くことができなくっても
君の小説を読めて、とても幸せだったと

都会的な生活

都会的な生活が
そこにあり
シンプルに心をつかむ

バー、24時間のレストラン、コンビニ
そのどれもが
シンプルに助けてくれる

慎みをもった人間
キョリをもった人間

警戒心の時おり垣間見せる優しさ

都会的な人々が
そこにいて
シンプルに心をつなぐ

深夜の徘徊
仲間たちとの語らい
または独りぼっちの影

地球の70%は海であり
陸地は30%にすぎなく
都会はそのうちの何割なのか

人々はそこにたむろし
仕事に精をだし
いつもセックスをする

眠らない街も
午前4時には静かになり
タクシーだけが駆け抜ける

ああ、宇宙の滴よ
銀河の星々よ
虫たちの囁きよ

都会的なため息を
消しておくれ

さ、お願いだ

電車の転倒や
人殺しの絶叫や
うつ病たちの憂鬱

ね、消えておくれ

レイトショーの映画館よ
深夜営業のラーメン店よ
巡回中のパトカーよ

どうか、つかまえておくれ

このどうしようもない
木々を舞う夜の蝶
都会的な生活を

雨

雨が記憶をつなげる
あの雨音、
匂い、
肌にあたる感触
幼い日の雨

庭の雨音
紫陽花にあたる雨
外国で浴びた雨
仕事中の雨
オートバイの雨
相合傘の雨
色んな雨があった

雨が好きだ

Freedom（解放感）

フリーダム、
そこにあるのは絶対自由
しかし、解放感と訳すこともできる

つまり何かに捕まっていて
閉じた世界があるから
解放されるわけで

何に捕まっているか？
それは人それぞれ

妻、子ども、お金、欲？

愛想をつかされる前に
愛想をつかす
捕まる前に捕まえる

ベルリンの壁に囲まれた
東西ドイツだったり
ナチスドイツに捕らえられたアンネ・フランクだったり

革命にわくフランスや
日本軍から解放された東アジア
そこにはフリーダムがあったはず

もちろん仕事が一息ついたり
一日が終わったり
雨や嵐、病魔からの解放

あるいは生きることからの解放
究極は、死でもある
ただ死んでしまっては、解放感を感じることもできない

つまり解放感とは、生きることそのもの
フリーダムとは生きること
生きてることが、解放感

逆に死は閉塞感、隠密事、内緒話みたいに
急速に広がり

蔓延する

その前に、ありったけの力で
ジャンプする
そこには好きな人もいて

そうして彼らの手を引っ張ると
解放感は消えるけど
残るものがあるとすれば

それが愛である
世界は、自由行動と愛に溢れている
もちろん思いやりや繊細さとともに

そうした世界で生きるか
違う世界で死んでいるかを
きみは選ぶことができる

これでも僕は

これでも僕は百以上の短編小説を書いてきて
それなりの技術を手に入れたつもり
なのに、誰も振り返ってくれないというのは
「小説」ではだめですってことだろうか？

僕は十歳以上年の離れた女の子とデートして
それなりの食事をして、いい感じになったのに
彼女はウンと言ってくれなかった
「僕」じゃだめってことだろうか？

僕は五年以上、子どもと遊ぶ仕事をしてきて
そこは天国みたいで、地獄みたいでもあって
同僚との関係は日を追うごとに悪くなる
「子ども」に向いてないってわけだろうか？

でもそんなのはすべて僕が造り上げた
「僕」にすぎない
つまり神様が創りたもうた僕は、もっとちがうところにいるはずだ
ってのは言い訳に聞こえるだろうか？

だいたい神様の話なんてすると
胡散臭く思われがちで
つまり流れ、運命、なるようになる
「宇宙」とか「自然の摂理」って言ってもいい

もちろん意志と同じくらい愛と調和が大事です
はい、「人」を楽しませなさい
隣人を愛しなさい
というのも、いかにそれが難しいかを意味している

一昔前とは違っており
隣人を襲うのは「隣人」だ
しかもそれは宗教的なカルト団体などではなく
無宗教で神経質なカリメロたち

一昔前に問題だったのは
カルト宗教そのものというよりは
そこ以外は拠り所をなくしたムクドリたち

つまり「僕たち」のほうだったたってわけ

今頃になってそれが明らかになり
手前勝手な殺人や、介護疲れの自殺未遂
恥知らずな欲望と女子高生
ネクラなねぐらでゲームしてるマスカキ野郎ども

夢中なマセガキとマスコミが総動員されても
戦いは五里霧中
カツオの叩きを食うくらいなら
サザエか昆布、いやワカメのワレメでも舐めていろい

僕は言いたい
波の立たない上に、船は浮かばない

つまり大事なのは「家族」
根本的に、当たり前の場所に戻り

気がついた、「僕」は僕である前に父や母の子どもだったんだと
そうしてやがてはくるキッズたちのために
喜怒哀楽を試しているんだと
おー「子ども」たちよ

神の毛たちよ
波風たてられるなら
そうしていいよ
ただ僕はいつだって

誰かさんの「僕」なんだ

ただそれだけで、だからこそ有り難く
尊大でぞんざいな存在なんだ
ゆくとしもくるとしも

ハニカミながらハ向かう
そんな殺し屋の猫なで声
猫かぶりの猫舌で
根こそぎ寝込みを襲うには

猫耳をなくしたドラえもんを
呼びましょう
未来と過去と現在をつなぐため
もしくはのび太くんを救うため

そうしてヒーローになってみたら
今までの「僕」は消え去り
銭勘定も収まりたもう
あとは死んでレラ、白雪さんに

ご愛顧よろしくお願いいたします
結局、チミドロ争いの後に残るのは
よき思い出と白紙委任状
無情の城と合いの手、相乗り、当たり前だのクラッカー

そして新しい死と、師に教わった詩とともに

吟遊詩人

かつて詩人になりたかった
シンプルな言葉のつなぎとめが宇宙を生み出す
その海に放流されたかった

ほとんどの時間を
仕事に費やし
それはそれで社会とコミュニケーション

ただ谷川俊太郎みたいに謳いたかった
風のように踊りたかった

川のように流れたかった

あらゆる事象と原子の揺らめき
波のように舞う
ウサギとカメの追いかけっこ

その中で残る小石の悲しみと魂のつどい
成長も進化もなく時間もない
あらゆる物事は同じく一つ

宮沢賢治のように物語ることはできないかもしれないが
注文をしない料理店、銀河鉄道網を敷くペンタゴン
チェロ弾きをとっちめるヤツ

それでも言葉だけは
いつも世界を先どり輝かし
渦となり闊歩してゆく
永遠に続く転生のその中で

転がり続ける

転がり続ける
まるでシシュポスの神話みたいに
またはローリング・ストーンズみたいに

だからと言って
彼がそれで満足しているか
といえばそうじゃない

誰だろうと
満足ということは満腹と同じ

次の日には腹がへる

それでも彼は転がることを止めない
あるときは、もうやめたら？
と言われたけど

またあるときは、いい加減にしたら
またあるときは、あなたの仕事はそれじゃないでしょ
またあるときは、すべきことをしなさい

それで、ふと考えた
人生とは？
生きる意味とは？

そうすると思ってもみなかったことに
再び転げ落ち始める
これはたとえ話ではなく

転がることをやめた途端、
また転がる
そこから生まれる教訓は？

人生に意味はない
意味があるとすれば
生まれたての子どもに聞いてみろ

転がり続ける
それが宿命？　または運命？

どちらにしろ、愛が必要とされる

そう思ったら
上と下がくっついて
天国と地獄がくっついた

そして今もやはり回り続ける
ただし世界と一緒に
愛や、子どもたちと、一体で

それが私たちというものだ
でしょ？
だよね

サラサラと流れる水くさい水

ザラザラとした手触りの
香水をつけて
君が「降水確率は？」って聞いてきた

はるかなる硬水の流れる川で
僕は「ハー」ってため息をつくしかない
馴れない流れの中で

東と西では
川の流れも

光りの加減も
太陽の位置も
魚の種類も
食わず嫌いも

ちがってくる
「そうかな？」
って君は言う

「そうだよ」
って僕は言う
だってほら、泳いでいく魚を見てごらん

サバサバとした鯖が
泳いでいく
砂漠の砂上の楼閣の

すぐ隣《となり》のサラサラの流れの中を
「じゃ匂いをかいでごらん」
って言われたもんで

そうしてみる
期待はせずに
そうしてみる

そこがポイントみたいで
で、みずみずしい記憶がヨミガエリ

あったかい空気とネバーネバーした水が

口の中でからまる
一瞬めまいで失神しそうになりながら
僕は記憶と五感の中の

目覚ましい格闘と覚醒の
応酬を拡声器ごしに
聞いている

日だまりの
暖かい日々と
懐かしい甘味と軟水の

流れの中に僕らはいた
そこはゆるやかに守られていた
悲しさと激しさから無縁の境地

なのに君がノックして
「出てきなよ」
って、至急用事があるからって

死球をぶつけたあぶく銭みたいな声で言う。

「こっちには楽しいことがあるよ」

君は続ける

それで僕は穴から顔をだし
見えない始球式をやり遂げる

子宮ごしの

目配せをかわして
臍の緒をカミキッテ
髪を切って

神と手を切って
オギャーっとヒトナキした
ことのはじまりから

なにもかもが
混乱してて
あっちの川とこっちの川が

わかんなくなってた
「そうなの？」
君は言う

「そうだよ…」
僕は今や自信を亡くしつつある
自身を揺るがす地震の後では

そーだ水増しした水瓶座生まれの
君に「HAPPY BIRTHDAY♪」ってメールしたら
「ありがとっ」って取り澄ましたご返事いただきましたよね

あのとき「それから？」って折り返したら
もう返事はなくて

僕はくびったけのまま

首を吊った
そんなバカバカしいやりとりも
僕の中ではいい思い出

一線ひいたキョリ感や境界線や
自爆したヒーローたちを
忘れかけてた

それで馴れ合いの手長猿になりかけてた
「少なくとも」
君は言う

「タメ口はやめてほしいんですけど」

え？

馴れない土地の馴れない流儀

「不快なので敬語つかってもらえませんか」
などと直接言うわけでもなく
遠回しの変化球は

大人な街
そう、サラサラの黒髪の女性の香り
鯖と鯵の違い

硬水と軟水のちがい
大人と子供のちがい？

「ちがわないよ」

と言う君の言葉尻にも
共感できずに
甘えられずに

爆発する前の
タンザニアみたいに
水くさい仲間のように

鯵の開きと鯖の味噌煮
おいしいのはどっち？
あとはお好みにお任せします

どちらにもどちらとも良さがあるから
選択はお任せします
ただ自信を持って選んでみて下さい

余計なお世話かもしれませんが
愛してあげて下さい
僕と君は

永くつづくサラサラの川
今や流れる誠実な生と死
いつも変化しながら溶け合っては

一体となり分離して合体する
そして降り注ぎ

三寸渡って
二歩帰って
大きな海へと
流れおちてゆく

水の匂いがするせせらぎとともに

ヘイ、ガールズ

ヘイ、ガールズ
キミらは駆けてく
わき目もふらず　まっすぐな心と
よどみない瞳で

風のように羽ばたいて
スカートだってゆらゆら揺れて
パンツが丸見えだって気にしない
ここは天国に近い場所なんだ

ヘイ、ガールズ
キミらはスキップして、つまらない顔つきが
あっという間に笑顔にかわる
そして「ありがとう」って言う

砂漠に咲く花みたいに
キミらは可憐だし
オレの心を潤してくれる
笑顔で振り向いて「またね」って言ってくれる

ヘイ、ガールズ
はっきり言っておくけど、オレはロリコンってわけじゃない
パパっていう年齢でもないけど
でもいつかは「おにいさん」からおじさんに変わるんだろうな

ヘビににらまれたカエルの子たちよ
毒リンゴを食べた白雪姫の七人の小人よ
やがてキミらも白馬に乗った王子さまと
出会うのかい？

ヘイ、ガールズ
夢見る少女でいられない
だけど今の間だけは
そのままの純粋と無垢の姿のままで

雨に降られても
遊びつづけるエネルギーと
片足でジャンプするバランスと

とめどない姿のままで

いてくれよな
知ったこっちゃないだろうけど
おにいさんはそう思うんだ
オアシスのようなキミらの声を聞くと元気になるからさ

へイ、ガールズ
さぁて今日も仕事だぜ
キミらもいつまでも走りまわってていいのかい?
ママのもとに走って帰らなきゃだろ

それでもまぁいいんだ
今あるその紋白蝶のままで

どこまでも飛んでけよ
飛んでいけ

赤富士

おー赤く染まる山
それは富士山、東京からの風景
空とキスして、地球がすこーし照れくさそう

いつまでも眺めているわけにはいかない
だって世界は閉じてしまうから
滑り込みのセーフを狙って狙って

だけど君はいつだってそこにいて
そよ風をなびかせる

乙女の恥じらいのように生還して？

ポッと赤くなるからと
ひとりでいることを怖がってはいけない
青や黄色の、仲間入りするまでは

いつでもひとりぼっちだからといって
あの世からやってくるニライカナイに挨拶する
うれしそうな歌心で

いつだって私たちは
あちら側にいける
あの赤色の山を眺めていれば

たましいが独りでいるときにこそ
火星からの物体は
ぶちこまれる

あーうれしかなしい物語の
数々の失敗例、成功談
哀しげなお山の大将

世界はもうじき開く
ピラミッドパワーや
マジカルな想像力を使って

ただ感動できる体勢で
逆さまに世界を見続けて

アロハと声をかけてくれれば

たとえそれが聞こえないくらい小さくても
誰かが「もういいよ」って言ってくれるかまたは
あなたが自らの手で

さぁおやすみなさい
そのシナリオがエンドマークⅡ
よくやったよ、ありがとう、すばらしい。

自衛隊とギターと蒼い満月

ソノトキ
公園はヒトトキの安らぎにあふれてて
みんなのアンシーンと平然を潤いみたす

七月の芝生は蒼く
世界を優遇して
ありがとうとノタマイ

噴水からは水びたしの子供たちが
未知との遭遇を果たし

裸で飛び回る

ギターを奏でるミュージシャンや
シャムネコやハンプティ・ダンプティ
またはテツロウやメーテルのいる

銀河鉄道999よろしく
パンプキン色のダイナマイトが
爆発する

歌声が夕焼けにコダマしてる
そんな横で自衛隊員が銃をうち
ヘリコプターは空を満たす

今宵は「自衛隊祭りがあるの」って、浴衣姿の女の子たちが
これでもかというヒラヒラのポーズで
敷地に舞ってゆく

普段は人を助ける（殺す）目的の軍隊まがいの国家組織だけど
「左側を歩いて下さい」と
道ゆく子供たち、親たちに話しかける

夜空には満月が上り
意気揚々と夏の空気を満たし
祭りのコウフンとエネルギーとヒエラルキー

空間を支配する
制服姿の自衛官が記念写真を撮り、

笑い、ワタガシを食べ

敷地を延々と行列がゆく
少しの緊張感？　日本の他の場所にはない何かが
地面には落ちているけれど

人々もまた非日常を落としているため
気づかない
夜に明かりが燈され

盆踊りにハワイアンが混じりこむ
ティーンの欲動が爆発寸前で
叫び声と共にセンカイしている

予約席には
自衛官の家族や親類たちが
イネムリ

世間では失われつつある特権
という力をシズカニ
誇示する

バンという音が
美しい光と残酷な季節の間で
または失われた時間と死にゆく者の間で

ゆっくりと点火し
ハナヒラキワクワクとカラカラの喉を潤す

あーとゆう歓声

満月に仕掛けられたトラップ？
時間かせぎのトランプ
するとトランシーバーに雑音が交じり

どこかから歌声が聞こえてくる
宇宙から打ち上げられた通信エイセイが
いつかのギターと苦しみに満ちたため息

ヤカマシイ鼻息と用意周到な姑息さを
ヒロイアゲ
閑古鳥が鳴く２０１１年の箱舟から脱出したコーカサスのRomance

そんなこんなの
大宴会と大戦争が
核なき後の社会を突破しようと

いつも狙っている
けっして生まれてくるアカンボには
見せたくはないけれど

当たり障りないやり取りに終始してる終身刑を
受けてる場合ではないって
あなたはもう知っている

グラグラ揺れる地震の
響き渡るグランド0の地点で

再起動しようと

冷静に対処しようと
息を潜め
海水浴も花火も自粛し

ただこの祭りの
段階的な売上は
ヒサイチを助け恵み慰め

いつか歌う波の音色のように
蒼い月に向かい
ウインクしている

必ずしも成功するとは限らないけれど
放心状態で奉仕し
ホウシュウはいらないからと

放射線だけは阻止しよう
空や地面のセシウムに誓って
明日使う飛鳥村の

カタクリコに祈りつつ
平和という戦争に
帰依しながら

地獄からの使者

まったくもってぼくは
とてつもなく
落ち込んでいた
しかもその原因がわからないから

始末がわるい
まぁわかったところで解決できるとは限らないけど
多分、仕事のことや
人間関係や成功や夢やお金や将来や女や

友人や親や未来や過去や家、上手くいくやら、いかないやら、自信が
ないやら、がんばっていこーとか
そんなこんなの言葉の渦潮に今や巻き込まれたヒッチコックの映画みたいに
だけどサングラスかけた母娘が目の回るような

ダンスを踊りだしたもんだから
ぼくは借金や家賃や将来設計や、あいつらのことを一瞬でも忘れてた
ありがたいことに
ダークサイド、の現実から手を引けた

青春しようぜ！
かつての親友はそう言ったし
ぼくだって豊かな微笑み返して　オートバイを走らせた
風は祝福するし

女の子たちは手を振ってくれた
なのに今やアルコールにおぼれ
明日には首を吊ってるかもしれない
メタメタな精神と体が自分を追い詰める

おそらく…成功願望と他人への要求…
つまりは自分への「が」強すぎるせい…
それでちょっとしたことでくじけてしまう… または他人が肩にぶつかるだけで目つきが………
こんな「………」を連発するくらいおかしな気分

あと10秒もすればロケットは発射する
他人の、つまりはボブ・ディランの成功物語なんて

読まないに限る（ディラン自体はわるくないけれど）
プライドとエゴを捨てれば

楽チンだよ
と誰かが言っていた
でもまた違う人は
プライドと目標をもって

「生きなさい！」ってゆーし
ぼくは混乱気味で
ゲーゲーとゲロをはく
快活な子供たちが目の前を跳ねるので

ぼくは思わず笑ってしまう

いつでも奴らだけは
「今この瞬間」を生きている
いや長生きする連中は

いつだって現実を生きている
夢想や幻想、過去と未来に捕われたノライヌだけがケルベロスの餌食
まさに地獄からの死者が
やってきて

親友きどりで
廃品回収でもするように
ササッとタマシイを盗み撮り
「あとでブログにのせるから」って言われたら、もうぼくは断れない

ああ、もうダメかも
とゆー時に限って
彼女たちが現れて
手荒い歓迎をしてくれる

計画などなくって
マネーもマナーも、モラルもルールもなく
あるのは他人への純粋な思いやりと
ちょっとの身勝手さと

少しの冷たさと多くの愛情
もちろんそれが愛ならば
ぼくだって受け入れたい
でもそこは会員制倶楽部で

簡単にゃ入れない
ましてや首を吊った輩などは
だからあと少し辛抱して
経験からくる智恵と忍耐で

光をまとう
マントもないしサングラスもないのに
あるのは
ありったけの情けない顔と

今や、ようやくてにいれた
少しの余裕
少しのユーモア

多くの純水
子供たちのために…
そう思うこと
それだけでぼくはいつか救われ
いつしか四次元サッポウを

かわして
三途の河をとびこえ
おーダンディなダンテよ
ぼくは貴方のようには言葉は操れないけれど

ただ一つ残った希望を胸に
ただ、ただここにいる

時間や情報、考えと価値観をブッチギリ
存在している

子供たちのように
ただ、
ただ、、
天国への使者と変わるために

まっすぐにふっ飛んだ

あらたな自殺者がいる
彼は中央線の真ん中に飛び込んだ
ある晴れた日の午後
電車は遅れ、人々は困惑した
みんなは腕時計を見ながら
携帯で話をしていた
誰も気づかなかった
電車の遅れた事実以外
忙しい空間以外
世の中の経済的損失以外

しかし血肉はリンゴみたいに
断片と化したというのに

あらたな自殺者がいる
女は薬を飲んだ
三人の子を育てたが
みんな独立していった
取り残された女は夫とも別れ
一人で暮らし
ある日息子に電話した
それからゆっくりと薬を飲んで
死んでしまった
息子が知らされたときには

もう女は病院の中で冷たくなっていた
息子は狼狽してパニックになった

しかし誰もそれには気づかなかった
まるで冷蔵庫の食べ忘れられたナスビみたいに

あらたな自殺者がいる
夫は旅に出ると妻に言って帰らなかった
二人の息子は大人になり
一人前になっていた
ぐでんぐでんに酔っ払い
男は自分の首を締めた
その前に妻に電話したが
彼女は忙しくて電話に出れなかった

何回目かに出たときには
すでに夫が何をしゃべっているのかわからなかった

しかし夫が死んだ朝、息子たちは女の子と寝ていて
そのことに気づかなかった、生まれたばかりのヒナギクみたいに

あらたな自殺者がいる
20歳になったある日、ポックリと亡くなった
若い青年は裕福な家で育ち
恵まれていた
しかし何にも感謝できなかった
結果、母親は気が狂ってしまい
すべての財産を捨て
父親とも別れたが

その息子以外、もう何も失うものはなかった
しかも残念ながら、そのことに気づきさえしなかった
行き場を失ったアメンボみたいに

クソおそろしいことに
これらは想像などではなく
すべて事実なのだ
すべて知り合いのことである
知り合いの肉親たちのことである

われわれは
あらたな自殺者がでる前に
はたして何かに気づくことはできるのだろうか

それとも自分たちのことで精一杯なのか
あの日に見た、腹黒いシロクマみたいに

女と男

女はママであり　優しき大木であり　おおらかな海である
男はパパであり　強き鉄塔であり　そびえる山である
女は永遠であり　受け止めてくれる　お城であり　台所であり　乳である
男は瞬間であり　突き抜けていく　刃であり　勇気であり　羽である
女は母であり　受け入れ導き　ときに怒ってもくれる　恋人である
男は父であり　ひっぱってくれ　ときに包みこんでもくれる　上司である
女は嫉妬であり　みなと一緒にいて　グチを聞いてもらいたい　生き物である
男はプライドであり　ナンバー1を目指し　自分を認めてもらいたい　生き物
　である
女は丸であり　ヨコへ広がるエネルギーで　仲良し優等生だが　ときに陰険な

魔女でもある
男は線であり　タテにのびるエネルギーで　戦う戦士だが　ときに間抜けな負け犬でもある
女はいつも泣いている　泣き虫ちゃんだけど　ちゃっかりもしてて　さらに警戒心が交錯する笑顔でもある
男はいつもしかめっつら　おこりんぼだけど　さびしがりやで　さらに無邪気さが共存する意志でもある
女はいつも　守ってくれる堤防で　安全な一体感と　タマゴみたいな　なめらかさである
男はいつも　叱ってくれる拳で　危険な反発心と　壁みたいな　かたくなさである
それでも　女と男はふれあって　刺激しあって　いつでも手をとりあって　陰が陽となり　影が光となり　マイナスがプラスとなり

または愛しあい　あらたな王国を　しあわせな空間を　天国にちかい楽園を
　与えあい　与えあう　分かち合う
そんな存在である　そんな　存在である

向日葵と柿

夏の終わりと
秋の始まりに
アナタが見つけた
向日葵の花

その向こうになっている
柿の実
あれ？
それを見てつぶやくアナタの声

オイラのオートバイはカタカタいいながら
ブルルンと震えながら
さわやかな羊雲の下を
走ってゆく

遠くに見える連峰を
眺めて天にお祈りして
台風が去ったその日に感謝しつつ
アナタは遠い目をして

澄み渡った青空を見上げている
オイラがマジマジと見ていると
大丈夫？
って缶コーヒーを買ってきてくれ

その手はサムザムと震えてる
オイラはアナタのフトモモを
そのあたたかさが体をほてらせ
うずかせるまで触っていると

しとやかでしなやかな黒髪が
風になびいて
心地いい香りをはなっている
すると色気と情熱の炎が燃え上がり

夕焼け空みたいに真っ赤になって
夜が来ても省みず
帰りも知らず送ってゆく

都会に帰ると馬鹿ばかり

渋滞の帯に巻き込まれ
アホウな真似して遠回り
二人きりの時間が紡ぎだされ
オイラのプレゼントがアナタの手元に届いた

目の前で泣いているのは
うれしいからかかなしいからか
今日のアナタはバースデー
年に一度の記念の日だけれど

アナタは一つ歳をとり
顔を伏せて

あきらめと覚悟の秋に
三十路色の向日葵が咲き

場違いな夜鳥がないている
とりとめない話に花が咲き
若き二人はしのばずに
不忍池に消えてゆく

愛と希望を置き去りにして
無常と人情で向き合いながら
横にある柿の滴と共にある
夏季が終わるたったその日に
ギリギリの義理堅さでもって

アナタは静かに笑っている
その横で静かに泣いているのは
柿と向日葵が揺れているから

S

心地いい香り
世界をめぐる
暖かい雨粒
Tシャツをぬらす
夏の雨が降る
生き物と大地に
恵みを与える
7年の歳月
眠っていたSが

目を覚まそうと
大地を這う
ゆっくりと
ゆっくりと
起き出し
人の目も気にする必要もなく
大木に登ろうとしている
抜け殻になる前の君は
なんてマヌケで鈍感だったことか

だけど、だからこそ
君は今、祝福されようとしている
宇宙と夏の雨と夜の香に
ピンク色の水玉模様の

長靴をはいた女の子が
レインコート着て
駆けていく
七月の終わりと八月の始まりの
その間で

Sが羽ばたく瞬間を
祝福してる
まわりでは君の仲間が念仏を唱えている
ミンミンミンミーン
さぁもう少しだ
さぁ土からかえり
さぁ空に飛び立て
さぁ命を燃やして

さぁ一心に奏でよ

一週間の生命を
堪能しつくせ
夏の風に舞い
月の鼓動を聴いて
新たな生命をつむぎだせ
君に似合う服を着て
君にピッタリの相手と
君に最適の場所で
愛を深めろ

夏の雨がしとやかに降る
傘が咲き誇り

池が沈黙
公園の夜は涼しく
都会のオアシスのように
しっとりとした湿気に包まれ
ミンミンというSの
祝福だけが
聞こえてくる

天空に馳せる星々も
影を作る太陽も
夏の夜の夢も
今を生きている人間も
感謝し愛され祝ってくれている
なにしろ君は宇宙にとって

かけがえがなく
とても貴重な
愛された存在なのだ

三月の風

未知なる風が吹く
それは早春の香りを秘め
彼女をとりこにする
トリコロールの三色旗のように

自由のシンボルへとはためかす
ジャンヌ・ダルクみたいに
彼女はみんなと前進することを鼓舞される
冬のあいだに固まった心と体を

ゆっくり溶かしながら
満ちたりた気持ちにさせてくれる
道はまっすぐではないけれど
交錯し一緒にすすむこともできる

選択と決断が
気づきを与えてくれる
生き物がよみがえる季節に
自分も生かされていることに

ふと気づく
魂が疼く瞬間
目の回るほど
ほとんどパニックになりそうなくらいの

未知なる道がのびている
恐怖と不安
劣等感とプライド
嫌悪と後悔

そんなものに彼女は圧倒される
過去の栄光と挫折が
同時に語りかけてくる
胸の奥にあるガラスの檻を

敏感に触ってくる
接触することも
喋ることも

表現することも
できないでいる
そんな彼女の心を
解き放つのは
何億という人間のうち

彼らだけだ
父と母
に向かい合い
叫ぶうちに

少しずつ氷が溶けてゆく
すべてを受け入れる

三月の風のように
寒くなり暖かくなり

いったりきたりを繰り返しながら
ほんの少しずつ変化してゆく
一瞬、逃げ出したくなった彼女も
今は勇気を持って

立ち向かい
ただ受け入れる
自分の弱さも孤独も
そうなんだと悟り

味わいつくす

彼女は要求する強さを身につけた
北風に耐えた蕾
春の風に反応し

赤い花を咲かせようとしている
充ちたりた気分と高揚感
太陽の雫と神の恩寵
感謝とトキメキ

決意とシンネン
主役は自分なんだと
彼女は突然思い知る
なんの前ぶれも、印も予兆もなく

ひな祭りのひなたぼっこの最中に
彼女をとらえ
フランスに行くのも
ロシアを訪れるのも

タヒチのボラボラ島に舞い降りるのも
または彼氏を選ぶのも
子供を産むのも
ここに留まるのも

すべては自分次第なんだと知る
その結果も責任も
完全に自分のものなんだ
道は自由に交差しながらつながっている

歩くのは一人なんだ
父も母もいないけど
友人もそのうち死んでゆくけど
彼女自身だってやがては死んでしまうけど

愛だけは
付き添ってくれるはず
別れや苦しみはこれからもやってくるだろう
でもそんなのは幻想と恐怖のシステムであり

すべては同時に存在し
魂だけが生きている
そのことを彼女は知っている

老木の時間から蚊の刺す瞬間まで
祖先の因縁から子孫の越えるべきハードルまで
そんなものを見つめながら
彼女はあっけらかんと取っ払う
すべてはこの春風の中に

波うつ光のコモレビとなり
雨も晴れも
生も死も
悲しみも楽しみも

ゆらゆら瞬きながら
全部畳み込まれている

そのどれにも彼女はアクセスできる
タイムライン上で

ただ目をそっと閉じ
風をかんじ
芽ぶく命を
息吹として吸い込む

そして呟いている
ありがとう
失敗も成功も糧とし
蝸牛みたいにゆっくりと

すすんでゆこう

そして鷹のようにぐるぐると旋回しながら
大空を舞い
宇宙の彼方を目指そう

三月の風のように
白い頬をピンクに染めながら
揺れる桜の芽を見つめながら
深く呼吸し

いま彼女は
スクッと立ち上がる

不在

君のいない空間が
君の存在を浮かびあがらせる
それと代わるものなどない
たとえ何がおころうとも
うつろな目の君を見るのはしのびない

明るく歌う君を知っているから
君はまるでビートルズのOB LA DIのように
デズモンドとモーリーのように
幸せになれるはずだった
でも掛け違えたボタンは
放射状に大きく広がって
小さな綻びから

いまや宇宙大のブラックホール
飲みかけのブラックコーヒーをこぼしたときのような
洪水が起ころうとしている
ニューオリンズにやってきたカトリーナという
台風みたいに
最後の時まできてしまった
いやランチタイムはまだつづく

彼女には赤ん坊は生まれないだろう
グッドニュースといえば
これ以上不幸のおカンムリを被らなくってすむ
ってこと
バッドニュースとしては
これ以上バカの真似を招くマネキンを飼えない
ってこと

真剣すぎるのは困るけど
ふまじめなのも困る
適当に無責任に笑っている君が
ブッシュの次に好きだった
君の茂みに隠れんぼ
いまやキョロキョロ
眼を合わせることもできない

人間不信

相互理解

いつも座っていたイスに

いない

目の前の君は

もう違うところにいってしまった

不在の空間が

逆説的に

君の存在を証明してくれる

あとは時間の問題だけ

ラインズマンがタイムラインの笛を吹くまで

オフサイドの前にハットトリックを決めるまで

タイムオーバーになるまで

君の不在を感じるまで

大地を歌う

はるかなる大地をかける
そこは海を超えた別世界
山をこえ谷をこえ岬にいたり
港をみわたし海岸をすすみ牧場をとおり

牛と馬にあいさつして
丸太小屋にとまり
鹿をたべ
人にであい

道をいく
まっすぐにつきぬけた道路は100キロつづき
湖につながる
夕日がおち

夜はくらやむ
目は眩み腹はすき眠気がきて
明日の行き先はどこだ
温泉をめぐり裸になり

丘をのぼり空をみあげ雲をみおろす
花がさきアイスクリームがとけ汽笛がなる
太陽がはんしゃし
影をうみ光をつくり虹をだす

緑がかがやき土がこんもりし白樺がつきたつ
沼がでむかえ岩がいわい小鳥はさえずる
星がむらがり地球はねむり虫がなく
夫婦は子どもたちと食事し

女はうたい男はかなで子どもたちはおどる
朝日がてらしだし町はいきかえり人々ははたらく
車はくるしバイクはバイバイ
船にまにあい漁師と猟師がみおくり

大地にあいさつする
海はゆれる
雨のめぐみ太陽のみのり地球のよろこび

道はつづき車輪はまわる

空気があいまみえ大気はじょうしょうし
宇宙にほおづえし
町にこいして別れをおしみ涙をながす
顔はほころび心はよろこび愛がめばえ

静かにうなずき月にかんしゃし
ウサギにあいさつする
ふと見ると水しぶきがかかり
湖に夕日がきえていく

オレンジの光が赤になりピンクになり
紫にうつる

世界をそめあげ
幕をとじ

大空と大地がキスをする
さぁまた明日、愛しましょうか
それまでしばしのお別れです
お星さまがキラキラと歌ってます

あなたになりたい

わたしはあなたになりたい

泣き虫でも悲しい顔はしなさんな
笑ってるときのえくぼが可愛いんだから
そんなキザなことを言う
そんなあなたにわたしはなりたい

なんで手ぶらでブラブラするの？
買い物にはエコバッグをいつも持参だし
うそをつくとすぐ視線がおよぐよ

そんなあなたにわたしはなりたい

小ばかにするくせに自分も天然
しっかり者なのにすぐ名前を忘れる
気をつかうのにタイミングわるい
そんなあなたにわたしはなりたい

歩くときに時々立ち止まる
「すすんで」と言うと突然こちらを向く
そして笑顔でキスする
そんなあなたにわたしはなりたい

つらい時にも自画自賛！
いい時には贈り物をして

機嫌がわるいとすぐに寝る
そんなあなたにわたしはなりたい

雨が降るとクラシックを聴き
晴れるとなぜか八代亜紀
曇り空にはシャンゼリゼ
そんなあなたにわたしはなりたい

優柔不断の頑固者
しばしば人とぶつかるけれど
特大級のハートを持ってる
そんなあなたにわたしはなりたい

そんなあなたにわたしはなりたい

君は見たことあるかい？

君は見たことあるかい？

女の子が盲目の恋をしようとしているとこを

男の子が盲目の女に好意を持っているとこを

飛べない鳥が撃ち殺されるとこを

濃い恋が故意に行為におよぶとこを

そんなものみんな丸めて
焼けたばかりのケーキの中にぶち込んじゃえ
君はそう言うけど
君はそう言うけど
君は見たことあるかい？
黒い羊が走っているとこを
白いコウモリが飛んでいるとこを

緑色の電信柱が倒れるとこを
赤い霊柩車が紫色のパトカーと衝突するとこを
青い踏切を渡ろうとする虹色のサンタクロースを
そんなものみんな丸めて
焼けたばかりのケーキの中にぶち込んじゃえ
君はそう言うけど
君はそう言うけど

君は見たことあるかい？
ホームから飛び降りる人を
子供が車にひかれるとこを
老人が首を吊るとこを
人を殴れないプロボクサーを
失神する警察官を
ギャンブル嫌いなギャンブラーを

タネを忘れたマジシャンを
ネタを忘れたお笑い芸人を
スタントできないスタントマンを
そんなものみんな丸めて
焼けたばかりのケーキの中にぶち込んじゃえ
君はそう言うけど
君はそう言うけど

君は見たことあるかい？
言葉を浴びせられた人が、死んでしまう瞬間を
嘘と笑いでごまかす人々を
泣きながら笑うピエロを
血を流しながら銃を撃つ兵士を
罵声で自分を守る権力者を
お金のために破産する銀行マンを

政治嫌いの政治家を
音楽好きな耳の不自由な人を
花嫁衣装を着れなかった花嫁を
花火をみたことがない花火職人を
花の名を覚えられない花屋を
花言葉にこめられた想いが枯れていくのを
そんなものみんな丸めて

焼けたばかりのケーキの中にぶち込んじゃえ
君はそう言うけど
君はそう言うけど
君は見たことあるかい？
君は見たことあるかい？

黄色い月と傘とインド人

黄色いインド人が
脱色した夜
白人にゃなりそびれて
日本人になったとさ

まいったね

青い目のメラニン色素も
緑色のターコイズも
まったく馴染まず

結局茶色になっちゃったんだってね

ただ黄色い月と黄色い傘だけが
理解してくれている
その哀しみと切なさと
雨が降ったあとの優しさ

笑っちゃうね
道にふれ見違えた肌の色に
雨上がりの夜の匂い
道草と未知なる物質が

月の光とベートーベンの調べに乗って
まるでダンスするように

舞い降り暗闇に踊る影
そしてインド人もびっくり⁉
たぶん、おしゃかさまだって
二千年の時をこえて
ビックリ
黄色い傘をさしたインド人が

色白な日本美人に
恋をしちゃうんだってさ
見かけたら御一報
ご挨拶、そしてご帰還

母なる星の母なる土地に

ハハーと膝をつき
涙ぐむインド人は
私たちのことを

そう地球人のウツシミ
裏と表のアメアラレと思ってる
月探査船かぐやに乗り遅れ
海中に沈む

アブクのように
ただブクブク
ブクブク、ブクブク、ブクブクブクブクブクブク……
あ〜観念

スイミングの天使

夏
時間があいて
ちょっと天使たちに会ってきた
それはスイミング教室の子供たちの

姿をかりて舞い降りた
本物の天使で
ホントにピュアな笑顔を
夏の青空と

緑色の木々と
プールの水色のゆらぎの
あいだから
ふりまいていた

ピンク色の小さな水着と
白色のスイミングキャップを
はにかんだ笑顔から
見せてた

彼女や彼らは
まるでそこが永遠の楽園であるように
フワフワと浮かんで
水と戯れ

すべてが一体となって
笑ってた
ときに悪態をついたり
ワーワー騒いだり

いたずらしたり
怒られて泣いたとしても
天使であることに
間違いはなかった

ママの手をはなれたときの不安も
愛されてる子供には
関係ないことだった

30年近く前に

スイミングスクールで泣いていた子供は
愛を知ってたのかな？
彼は天使だったのかな？
不安に包まれママの手を探した彼が

たどり着いたのは
夏休みの爽やかな笑顔の中だったよ
そう彼が天使だったことに
何の疑問の余地もない

手をふるこの子たちを見ていること
何の疑問の余地もない

彼らはスイミングの天使
彼らはスイミングの天使

富士五湖の輝き

本当にキラキラ
と世界が輝き
凜とした空気が
あたりをおおう

天上に近い富士山の麓
では人間の営みも
全て等しく自然に調和
され蝶だけが宙を華麗に

舞う鮮やかな湖畔
芝生はアオアオと夏の終わりに
負けず風にも雨にも
負けず、そもそも勝ち負けも変わりない

という華麗な軽さがかろやかさと重なり
二重写しに太陽の輝きを
反射している
「まるで山の精霊がいるみたい」

その声に振り向くと
そこには小さな男の子がいて
ふと見ると彼はまるで
お玉杓子が蛙になるような

逞しさと喜々とした眼で
キラキラの天を見上げていた
それは蛹が蝶に変わる瞬間で
よりいっそう世界を輝かす

調和と愛と緑の光線をうけて
オートバイが走っていくとき
風がヒューヒューと
挨拶していく

そんな瞬間を一言で言うなら
天国？
または

しあわせ

すべてから引き離され
ヒラヒラと舞う真実のこの時に
ありがとう
そして一緒にいてくれる仲間に

ありがとう
またあらゆるものを緩やかに認めて受け入れる
自分にも
そして全ての人

と天と地に
感謝します

ありがとう
幸せです

アルタ前の固ゆで卵

ワンダーランドから戻り
夢と欲望の町に到着
新宿という名前の固ゆで卵に
再び飲みこまれようとしていた…
歩いていると、プルルンとした人の多さ
活気とミニスカートとチョコレート色の肌が
夜の都会の熱気にとろけそうで
またバブルかぁという言葉が脳裏に響き鳴り
その瞬間クラシックギターの音色が聞こえた♪

路上ミュージシャンを横目に
重い荷物を抱えさらに歩いていくと
後ろからボディコン風の女が
「見て」と言わんばかり
発情期のカンガルーみたいに強い歩きかたで追い抜いていく
自信満々の彼女が振り返る視線の先には
ギブスをはめた象のようにフラフラ歩く私

さすが東京の女じゃん、まったくとろけそうだよ
私は関東弁でつぶやく、とその瞬間突然肩をつかまれる
振りかえると、そこには見たこともない
ハードボイルドな男
「あへ?」思わず変な声が口から出るが
彼はサングラスをとり私を睨むと

「お疲れ様っす」
なになに

だれだれ
彼は私の眼を覗き込む
頭の中をコバンザメが泳いでいく
その最果ての海、ようやく発見された記憶は
●に属していた
「あ、どうも」
適当にごまかして返事をしながらも海中探索は続いている
たしか…

「お仕事すか?」
いや、まぁ実家から帰ってきたとこやけどそちらは?

「今からバイトなんす」
そうか思い出した
彼は映画撮影にいた不良軍団の一人
若手俳優の彼は熱心で、撮影のとき自分の出ない日まで現場に来ていた
「また何かあればよろしくお願いしまっすっ」
こんな私程度にお願いしてもと思いつつ「よろしくです」

彼の潤んだ眼を見ると、そこには焦りと期待と夢と不安がこんがらがっていた
これが東京という町なんや
私はやりきれない哀しさと、少しの勇気を胸にもらった
見知らぬ人々でごった返すアルタ前をあとにして
ふと見上げると、そこにはネオンが光っていた
「みんなの夢が叶うといいね」
それは美しくもはかない物語のように

私の心を強く揺さぶった

バーレスク

魂、踊る
瞳、輝く
おっぱい揺れる

やっぱりプロフェッショナル
はじける肉体になる
セクシィな覚悟とテクニック

アートエンターテイメントスタイル
仕事と責任の夜

欲望のコントロール

はじける人々は群れる
それを押さえる理性と権力に負ける？
躍動感屈辱感充実感そして感謝にいたる

生と死の境界？
セクシャルなフィーリンは今日かい？
ハートフルな人々は巨大

アンダーグラウンド芸術家の兄弟
自分たちの表現の教会
素晴らしき調和と意志に出会い

麗しき身体に触りたい
乙姫と彦星は一年に一回
天の川で出会い

永遠に変わらぬを誓い
七夕の夜に乾杯
全ての人々に捧げたい
幸せなこの気分とこの愛

青の洗練

青の洗練
西武球場のクリーン
揺れるフラッグ
清潔な空気
爽やかな応援

貴方の「がんばれ」という黄色い声
一点差で負けてる投手戦
出店で肉まん食べて憎まん
戻る席を迷うけど

手を振る貴方の姿

純粋な優しさ
9回表に7点もとられ
荒れる貴方
フラッグを振り回す
「がんばって！」

その声むなしく惨敗
観客は帰りだす
貴方はあちこち蹴飛ばす
その気分が変わるのは
駅の切符売場で別れが近づくにつれ

「ねぇうちに寄ってくんでしょ？　遊ぼ？」
その純粋な瞳に乾杯
実姉のハヤシライスを食べて
双六をして
転がり続け

得意のマジックを見せてくれ
花火をして
線香花火に腰がひける
そんな貴方が大好きだ
暗くなった夜のお別れ

振り向くと
貴方はこちらを心配そうに見ている

手を振ると
勢いよく手を振ってくる
そんな貴方が大好きだ

そんな姿が胸にしみる

子どもたちの声

ここは東京
外では
子どもたちの声が
まるで小鳥のサエズリのように
聞こえてくる
静寂と孤独との境から
すべての七月の平和が
そこにあるような顔をして
窓の隙間から聞こえてくる
夏休みになれば

彼らの賑やかな声は
夏服をきたコダマとなり
ただピシャピシャと
青空に映るプールの影に
消えてなくなるだろう
今はただ、まるで永遠のように
ただ電車が走ってくその後ろから
子どもたちの声が
声高に世界を癒している
声高に世界をただ満たしている

愛川

愛川
が流れるそこは
生まれ育った町

すべてが心地いい
のはなぜかしら
話す言葉

歩くスピード
人々のリズム

町の空気

ああここは
生まれ育った町だった
そう気づいたら

すでに心は
癒され
小鳥や太陽が挨拶をしていた

お久しぶり
うん
どうしてたの？
ちょっとね

心配してたよ
ありがとう
また行くの？
そうね
ゆっくりしていけば？
うん　でも行かなきゃ
いつでも待ってるよ
ありがとう

夕日が山に落ちていく
最後の陽光が
横を流れる愛川を

導いていた

導かれてきた
ああ感謝

【言葉と映像、または】（あとがきに代えて）

つきつめて、残るのは体なのか、映像なのか、それとも言葉なのか。「最初に言葉ありき」と言ったのは世界で一番有名なベストセラー、聖書。しかし今や映像の時代といってよく、自分も映画でものを紡ごうとしている。

共通点はどちらにも文法があり、またカオスな世界を限定するということ。いや人間らしくする、といったほうがいいだろうか。

映像は分かりやすく、世界共通のよさがあり。一方言葉には、混乱を収拾する強いパワーがある。また同時に、伝達の道具としては原始的でありながら最良でもある（こうした文も書ける）。

少し歳をとると、知識は増えつつも楽観的になるらしい。楽観的ならいいけど、だからこそ、もうこれからは十代や二十代の時のようにヒリヒリした詩は書けないかもしれない。

もちろん個人差はあるし、ゲーテが「ファウスト」を出したのも60歳近い頃。ファウスト二部などは80歳か、いや死後に出てる（戯曲だから詩じゃないけど）。

とにかく、三十代から四十代少しにかけて書いたのは、基本東京についてです。地元の親も兄弟もほとんど出てこない（唯一東京にいる姉が少しでてくる）。そう、深夜に東京のファミレスなどで書いた詩。

体は滅びても、映像は残る。映像が古びても、言葉は残る。例えば大正時代に書かれた高村光太郎の「智恵子抄」を今でも読めたりする。だから、これは30年、40年後の自分へのメッセージであり徒然日記みたいなものかもしれません。多かれ少なかれ、みんな死ぬ。これは悲観的な意味じゃなくって、とてもポジティブな意味で。

死（詩）について書くのはポジティブ。そう、死について考えたら、生の有り難さもコインの裏表のように、感じるのだから。

月並みになりますが、これを購入していただきありがとうございます。映画料金が１９００円になったばかりの令和元年、それを上回る値段です。約３００冊限定、魂は込めたので、それくらいの価値があれば幸い。

扉絵（菜の花畑）は母・光子の手によるもので、故郷を想いながら描いたそうです。

二〇一九年七月一日

ふし文人

ふし文人（フシ フミト）

アメリカのニューオリンズに留学中、W・フォークナーの家を訪ねる。小説家になることをあきらめた時に、ニューヨークで映画作りと出会う。現在は東京で映画製作をしながら、詩と小説を書いている。映画「東京サバ女子霊」がSAN JOSE INTERNATIONAL FILM AWARDS長編コンペティション部門正式出品。好きなもの、ジョン・レノン、ボブ・ディラン、キャラメル。キン肉マン世代。趣味は絵とギター

「まさか自分でも詩集を出すとは思ってなかった。ずっと出版したかったのは、小説だったから。ただし小説家はいっぱいいるけど、詩人は砂塵ほどもいない。砂と塵のような存在かもしれませんが、少しは吟遊詩人の地位が上がれば嬉しい、死人になる前に。偉大で繊細な先人に敬意を表しつつ、死臭を放つ刺繍の詩集を献上いたします」

＊ご感想・メッセージは taijifjp@yahoo.cp.jp まで

WEBサイト〈物語る日々〉

ミッドナイト・プレス

サラサラと流れる水くさい水

二〇一九年九月二十日発行

著者　ふし文人
装丁　大原信泉
装画　伏見光子
発行者　岡田幸文
発行所　ミッドナイト・プレス
埼玉県和光市白子三-一九-七-七〇〇二
電話　〇四八（四六六）三七七九
振替　〇〇一八〇-七-二五五八三四
http://www.midnightpress.co.jp

印刷・製本　モリモト印刷

ISBN978-4-907901-19-6